L'ÉNIGME DU GRAAL

La relique aux mille visages

Par Florian Paret

50MINUTES.fr

L'ÉNIGME DU GRAAL, LA RELIQUE AUX MILLE VISAGES

- **Naissance de l'énigme ?** Entre 1180 et 1190
- **Où ?** En France
- **Contexte ?** Entre la IIe et la IIIe croisade, alors que les règles de la chevalerie et de l'amour courtois connaissent leur apogée
- **Répercussions ?**
  - Naissance de l'engouement pour le roi Arthur et les chevaliers de la Table ronde.
  - Controverse littéraire progressivement associée à des polémiques politiques et religieuses.

C'est dans les années 1180 qu'est rédigé *Perceval ou le Conte du Graal*. Lorsqu'il en compose les premiers vers, Chrétien de Troyes est bien loin de se douter de l'impact qu'aura son œuvre sur la littérature. Le poète n'en est pourtant pas à son coup d'essai ; auteur de *Lancelot ou le Chevalier de la charrette* et d'*Yvain ou le Chevalier au lion*, le folklore arthurien n'a plus de secrets pour lui. Cependant, c'est bel et bien *Le Conte du Graal*, œuvre pourtant inachevée, qui le fait entrer dans la postérité. Mais pourquoi ce roman a-t-il connu un tel succès ?

Chrétien de Troyes n'est en effet pas le premier à écrire sur le roi Arthur et ses valeureux chevaliers de la Table ronde. Toutefois, il est bel et bien le premier à associer au souverain légendaire les personnages de Lancelot, Gauvain, Tristan et bien d'autres. Mais ce qui rend son œuvre à ce point remarquable, c'est l'apparition fugace d'un objet à la nature insaisissable, le Graal. Hélas, l'auteur s'éteint avant d'achever son travail, laissant derrière lui un mystère qui ira crescendo au fil des siècles.

Par la suite, de nombreux continuateurs prennent la plume afin d'apporter à la quête du Graal la conclusion qu'elle mérite. Par leur talent, tous ces auteurs offrent à la postérité une vision unique du Graal et de sa quête. Pour certains, il s'agirait du Saint Calice dans lequel Jésus Christ aurait bu lors de la Cène. Pour d'autres, le Graal serait la clé d'un mystère bien plus occulte, un mystère à même d'entraîner l'effondrement d'une des plus grandes institutions de l'histoire : l'Église. Aujourd'hui, plus de 800 ans après sa première mention, le mystère du Graal reste entier.

LE MYSTÈRE DU GRAAL À TRAVERS LES SIÈCLES

LE GRAAL DE CHRÉTIEN DE TROYES

Le « Graal » en tant qu'objet mystérieux apparaît pour la première fois dans *Le Conte du Graal ou le Roman de Perceval*, récit en vers rédigé par le poète français Chrétien de Troyes (vers 1135-vers 1183) dans les années 1180. Dans cette œuvre, l'auteur relate l'épopée de Perceval, un gallois un peu rustre et naïf désirant devenir chevalier.

Quittant le logis de sa mère qui meurt de tristesse après lui avoir prodigué de nombreux conseils, le jeune homme se rend à la cour du roi Arthur où il remporte un tournoi et apprend les rudiments des valeurs chevaleresques auprès d'un vieux seigneur, Gornemant de Goort. Se lançant ensuite sur les routes en quête d'aventure, Perceval est accueilli un soir dans le château d'un infirme qui se présente comme le Roi pêcheur et dont les terres sont stériles et désolées.

Au cours du dîner, il assiste alors au défilé de quelques objets insolites : vient d'abord une étrange lance dont la pointe saigne, puis deux chandeliers en or, un graal (plat large et creux) orné de pierres précieuses, et enfin un tailloir (un plat circulaire dans lequel on découpait certains mets). À chaque nouveau service, ce mystérieux cortège réapparaît, mais personne ne semble y prêter attention à l'exception de Perceval. Celui-ci, soucieux de ne pas froisser son hôte en l'interrogeant, réfrène sa curiosité et ne demande pas à qui l'on porte le graal et pourquoi cette lance saigne. Une fois le repas achevé, Perceval va se coucher.

À son réveil, le lendemain matin, le jeune Gallois réalise avec surprise que le château dans lequel il a passé la nuit est désormais parfaitement vide. Après quelques mésaventures, il rencontre une femme, surnommée la Demoiselle Hideuse, qui lui reproche de n'avoir pas posé de questions au sujet de la lance qui saigne et du Graal (les autres objets semblant sans importance) ; en effet, dit-elle, s'il l'avait fait, il aurait pu guérir le Roi pêcheur de son infirmité et sauver ses terres de la ruine qui les menace. Dès lors, Perceval prête le serment de retrouver la lance et le Graal afin de réparer sa faute.

Chrétien de Troyes poursuit son récit en déviant vers un autre personnage important des mythes arthuriens, Gauvain, souvent considéré comme le meilleur chevalier du roi Arthur. Quand l'histoire se focalise à nouveau sur Perceval, cinq années se sont écoulées depuis sa visite dans le château du Roi pêcheur, cinq années qu'il a passées à errer en quête du Graal et de la lance qui saigne. Sa quête l'a à ce point obnubilé qu'il en a perdu une partie de sa mémoire et oublié de rendre hommage à Dieu.

Un jour, sa route croise celle d'un ermite qui s'avère être son oncle. Initié aux mystères de la spiritualité, celui-ci dévoile à Perceval que le Graal contient une hostie permettant au père du Roi pêcheur de se maintenir en vie depuis de longues années. Il lui apprend également que s'il a oublié Dieu, c'est parce qu'il a ignoré l'un des conseils de sa mère qui était de se rendre régulièrement dans des églises et des abbayes. Désireux de se racheter, le jeune Gallois reçoit alors les enseignements de l'ermite et se résout à faire pénitence. C'est sur ces vers que se termine le récit de Perceval, récit qui ne sera jamais achevé par l'auteur et qui laissera planer pendant des siècles de nombreuses questions, à commencer par celle-ci : qu'est-ce que le Graal ?

Aujourd'hui, il est assez communément admis qu'il s'agirait d'un calice ou d'une coupe. Or, à l'époque où Chrétien de Troyes écrit son conte, le mot « graal » est un terme courant désignant généralement un plat circulaire avec de larges bords, conçu pour accueillir toutes sortes de mets. Toutefois, si cette définition nous permet de remettre en cause la forme généralement donnée à l'objet, il ne nous permet pas de savoir quelle est sa véritable fonction au sein de ce roman empreint de magie. D'où vient ce mystérieux récipient, et comment Chrétien de Troyes entendait-il conclure cette énigme ? Ces questions ont à ce point obnubilé les contemporains du poète que nombre d'entre eux ont pris la plume à leur tour afin d'offrir à cette histoire une fin satisfaisante.

DE NOMBREUX CONTINUATEURS

La plupart des auteurs qui se sont senti le devoir d'achever l'œuvre de Chrétien de Troyes ont apporté au *Conte du Graal* une conclusion assez peu surprenante. En effet, pour nombre d'entre eux, le récit se poursuit sur les errances de Perceval qui, d'aventure en aventure, gagne en sagesse et en pureté. Le jeune Gallois retourne finalement au château du Roi pêcheur et interroge son hôte sur la nature du Graal. Cette simple question suffit à libérer les terres alentour de la malédiction qui les frappe. S'étant enfin rendu digne de lui, Perceval devient le Roi du Graal.

Néanmoins, d'aucuns ont offert des visions moins attendues. Ainsi, pour le poète allemand Wolfram von Eschenbach (1170-1220), le héros du Graal n'est pas Perceval, mais son demi-frère Feirefiz, un personnage inventé de toutes pièces. Chez le poète allemand Heinrich von dem Türlin (XIIIe siècle), c'est Gauvain qui, après l'échec de Perceval, se montre digne de la relique. Enfin, pour Thomas Mallory (écrivain anglais, 1405-1471), qui prend la liberté de réécrire l'ensemble du récit plus de 200 ans après la mort de Chrétien de Troyes, le héros de l'histoire est Galaad, le fils de Lancelot.

Dans la plupart de ces versions, le Graal est associé à l'image d'un récipient faisant office de corne d'abondance et apportant la jeunesse à tous ceux qui sont illuminés par sa gloire. Dans tous ces textes, cet objet mystérieux n'accepte de se soumettre qu'à un chevalier au cœur pur. Toutefois, si Wolfram von Eschenbach conserve ces caractéristiques magiques, il se démarque de ses pairs en présentant le Graal non pas comme un récipient, mais comme une pierre.

C'est l'auteur Robert de Boron (clerc et écrivain français du XIIe siècle) qui, le premier, associe le Graal de Chrétien de Troyes au calice dans lequel a bu Jésus Christ lors de la Cène. C'est sa version qui sera préservée : pour les générations suivantes, le Graal sera considéré comme l'une des plus importantes reliques de la chrétienté. Ce récit rédigé dans les années 1190 mérite que l'on s'y attarde un instant.

En effet, Robert de Boron ne se contente pas de réécrire

l'ensemble des aventures de Perceval ; il reprend l'histoire à ses lointaines origines. Ainsi, sous sa plume, un notable juif du nom de Joseph d'Arimathie aurait recueilli le sang de Jésus dans le Graal après la Crucifixion. Le Christ lui serait ensuite apparu, lui demandant d'emporter la relique loin de Judée (région montagneuse, au nom historique et biblique, qui correspond à une partie de l'actuelle Cisjordanie et du Sud d'Israël). Obéissant, Joseph d'Arimathie aurait quitté Jérusalem pour finalement trouver refuge dans les vertes contrées de Bretagne. La suite du récit est bien connue et relate les aventures d'un jeune Gallois désirant devenir chevalier...

LE GRAAL ET LA POLITIQUE

Sous la plume de Chrétien de Troyes et de ses nombreux continuateurs, la quête du Graal devient un véritable phénomène littéraire. Il faut toutefois s'interroger sur les raisons de ce succès qui n'est peut-être pas exclusivement lié au talent de ces poètes.

En effet, le XIIe siècle connaît un contexte politique particulièrement tendu. Les relations entre la France et l'Angleterre ne sont pas au beau fixe, si bien que la rivalité qui oppose les deux royaumes s'étend jusqu'aux milieux lettrés. La France est alors gouvernée par les Capétiens, une dynastie qui, au travers de mythes fondateurs, fait remonter ses origines aux derniers Troyens.

Désireux de bénéficier d'une pareille légitimité, les monarques anglais de la lignée des Plantagenêt profitent du succès de l'*Histoire des rois de Bretagne* de Geoffroy de Monmouth (clerc et chroniqueur anglais, v. 1100-1155) pour se prétendre héritiers d'un souverain de légende, Arthur, personnage issu du folklore gallois. Cette machine idéologique devient à ce point prégnante qu'en 1191, Henry II Plantagenêt organise des fouilles dans l'abbaye de Glastonbury (Somerset, Angleterre) ; les moines y découvrent une vieille tombe que le pouvoir s'empresse d'identifier comme celle d'Arthur et Guenièvre.

À cette même époque, le monde médiéval occidental connaît une période de crise dans ses lointaines seigneuries d'Orient. Suite à l'échec cuisant de la deuxième croisade (1147-1149), la ville sainte de Jérusalem est entre les mains de Saladin, souverain musulman. Les textes mettant en lumière les valeurs chevaleresques fleurissent, et c'est dans ce contexte que sont écrits les premiers romans de Chrétien de Troyes. *Le Conte du Graal*, quant à lui, paraît à la veille de la troisième croisade (1189-1194) et dépeint l'épopée d'un jeune chevalier qui gagne en vertu en vivant des aventures et en se faisant pèlerin pour laver ses péchés. L'œuvre de Chrétien de Troyes est d'ailleurs dédiée à Philippe d'Alsace (1143-1191), comte français destiné à devenir croisé et à périr en Terre sainte.

Se sentant sans doute investi du devoir de défendre leur foi, les continuateurs de Chrétien de Troyes – dont Robert de Boron – ne tardent guère à faire du Graal une relique sacrée, objet de toutes les convoitises pour qui prétend honorer le nom de Dieu. De fait, quelle meilleure allégorie que le Graal pour intimer les chevaliers d'Occident à prendre les armes afin de partir reconquérir Jérusalem ?

Pourtant, il n'est pas nécessaire d'aller jusqu'en Orient pour comprendre l'importance qu'a pu jouer la figure du Graal au sein de la société médiévale. En effet, au XIIe siècle, un nouveau mouvement religieux nommé catharisme naît dans le Languedoc. Les cathares, lassés par la richesse et la corruption de l'Église, souhaitent un retour aux fondamentaux de la foi et à la pauvreté du Christ. Peu enclins à souffrir une telle hérésie, les seigneurs catholiques ne tardent pas à lancer une véritable croisade à l'encontre de ces pécheurs.

Aujourd'hui, certains spécialistes soutiennent que les textes écrits par les continuateurs de Chrétien de Troyes ont joué un rôle de propagande en faveur de l'Église. Dans cette période de troubles, l'image du Saint Graal aurait ainsi permis de réaffirmer l'importance de la Communion, rite qui se tient au cœur des pratiques chrétiennes. Néanmoins, d'autres érudits assurent que ces œuvres servaient au contraire la cause cathare ; quelques auteurs pensent d'ailleurs que les cathares étaient peut-être les gardiens d'une précieuse relique sur laquelle ils veillaient depuis les murailles de leur fief de Montségur (Ariège). Cependant, aucun lien avéré n'existe entre le Graal et les cathares. Antimatérialistes, ces derniers auraient sans doute peu apprécié d'être associés à une relique chrétienne...

LE SAVIEZ-VOUS ?

L'association entre les cathares et le Graal est si ancrée dans les esprits que, dans les années trente, le régime nazi a envoyé des hommes fouiller la zone de Montségur en quête du calice sacré.

DE LA DESCENDANCE SECRÈTE DU CHRIST

Figures littéraires célèbres dans tout le monde médiéval occidental, le Graal et les chevaliers de la Table ronde connaissent un immense succès aux XIIᵉ et XIIIᵉ siècles. L'œuvre de Thomas Mallory, parue entre la fin du XVᵉ et le début du XVIᵉ siècle, redonne à ces thèmes un souffle nouveau.

Les chevaliers de la Table ronde assistant à l'apparition du Saint Graal, XVᵉ siècle.

Cependant, cet engouement finit par retomber, même si le Graal survit dans le folklore populaire, associé à un imaginaire fantasmagorique peuplé de forêts magiques, de fées et d'enchanteurs.

C'est le romantisme du XIXe siècle qui remet le Graal et les personnages arthuriens sur le devant de la scène. Tout au long du XXe siècle, ces figures deviennent un réservoir narratif inépuisable pour les conteurs en tous genres. Néanmoins, il faut attendre 1982 pour voir paraître *L'Énigme sacrée*, essai qui offre au public une nouvelle vision du Saint Graal, à mille lieues des traditions bretonnes qui lui sont habituellement attachées. Les auteurs de cet ouvrage (Henry Lincoln, Michael Baigent et Richard Leigh) s'appuient en effet sur l'hypothèse selon laquelle le Graal ne serait pas le calice de la Cène, mais le symbole d'un mystère autrement plus précieux : celui de la descendance secrète du Christ.

Cette théorie repose en majeure partie sur le postulat que le nom « Saint Graal » (utilisé par les continuateurs de Chrétien de Troyes après la publication de l'œuvre de Robert de Boron) serait une déformation du terme de l'ancien français « sang real », qui signifie « sang royal ». Pour les trois écrivains, une œuvre nous dévoile une partie de cette intrigue : *La Cène* (1495-1498), de Léonard de Vinci (peintre florentin, 1452-1519).

Copie du tableau de Léonard de Vinci, *La Cène*, vers 1700.

Sur cette toile de la Renaissance qui nous montre le dernier repas du Christ en compagnie de ses apôtres, on peut en effet distinguer un personnage aux traits féminins, assis juste à droite de Jésus. S'agirait-il de Marie Madeleine, l'une des plus célèbres disciples du Christ ? Partant de ce postulat, les auteurs ne tardent guère à élaborer une théorie complexe selon laquelle Marie Madeleine serait la mère des enfants cachés de Jésus. Suite à la Crucifixion, elle aurait fui la Judée afin de trouver refuge en France. Les siècles passant, les porteurs du « sang royal » seraient devenus les souverains Mérovingiens. D'après les trois écrivains, cette lignée aurait survécu, protégée par une société secrète nommée le Prieuré de Sion, et s'apprêterait à intervenir pour changer radicalement la politique internationale.

Cette hypothèse, qui remet en cause les fondements de l'Église, a irrité nombre de personnes dès sa parution. Cependant, elle en a fasciné au moins autant. Malgré les critiques très sévères de la presse, l'essai de Baigent, Lincoln et Leigh a bénéficié d'un soutien non négligeable de la part du public, en partie dû à son aspect conspirationniste et anticlérical. De fait, cette théorie a eu un tel impact sur les esprits qu'un roman publié en 2003 et reposant sur les mêmes bases a connu un succès fulgurant : il s'agit du *Da Vinci Code* du romancier américain Dan Brown (né en 1964).

LE PRIEURÉ DE SION

D'après Baigent, Lincoln et Leigh, le Prieuré de Sion compterait parmi ses membres quelques-uns des plus grands esprits de l'histoire : Isaac Newton (homme de science anglais, 1643-1727), Victor Hugo (poète, drama- turge et romancier français, 1802-1885) et... Léonard de Vinci. Au fait du plus précieux des secrets, ce dernier aurait peint Marie Madeleine sur *La Cène* afin de révéler un message subliminal.

Cependant, pour de nombreux historiens de l'art, le personnage assis à la droite du Christ n'est pas Marie Madeleine, mais l'apôtre Jean, souvent représenté de façon androgyne sur les peintures de la Renaissance. L'existence même du Prieuré est sujette à controverse : la seule source le mentionnant serait l'œuvre d'un faus- saire notoirement connu qui se revendiquait lui-même comme étant un descendant des Mérovingiens, Pierre Plantard (1920-2000).

SYMBOLIQUE ET PERCEPTIONS

LE GRAAL CHRÉTIEN

Le Graal a joué un grand rôle dans l'essor de littérature romanesque occidentale et son image a souvent été réutilisée dans les domaines politiques et religieux. Cependant, au-delà des représentations qu'on lui a associées tout au long de l'histoire, le Graal est porteur d'une symbolique aussi riche que controversée.

La première de ces symboliques – et la plus connue – veut que le Graal soit une invention purement chrétienne. Bien qu'il ne le formule jamais clairement, Chrétien de Troyes aurait identifié son Graal et sa lance qui saigne au Saint Calice et à la Lance de Longin, deux des reliques les plus convoitées du monde catholique. Cette représentation n'est guère difficile à saisir : par cette association, le romancier aurait simplement cherché à faire comprendre à ses lecteurs à quel point le Graal est précieux.

Cependant, l'historien allemand Wolfgang Golther (1863-1945) a rejeté l'idée que le Graal soit une relique matérielle. Pour lui, le miracle de cette procession ne tient pas tant à la présence du Graal qu'à l'hostie qu'il contient et qui permet au père du Roi pêcheur de survivre depuis des années. Le Graal ne serait alors pas un plat ou un calice, mais un ciboire (un vase d'autel servant à recevoir le pain de messe). Il symboliserait ainsi la communion des malades, l'un des plus importants rites chrétiens. Replacée dans le contexte des croisades (aussi bien contre les musulmans que contre les cathares), la figure du Graal serait donc un outil de propagande permettant de réaffirmer la suprématie de l'Église.

Bien que ces deux interprétations comptent parmi les plus prégnantes, bien d'autres hypothèses visant à expliquer le sens et l'origine du Graal ont fleuri au cours du XXᵉ siècle. Des savants allemands ont ainsi noté que les objets présents lors de la procession du Graal correspondent à ceux utilisés lors du rite byzantin, c'est-à-dire « les pratiques et règles liturgiques que suivent les Églises orthodoxes d'Orient » (« Byzantin (rite) », in *Universalis.fr*). Chrétien de Troyes aurait donc romancé ce rituel bien réel afin de donner au cortège du Graal un aspect à la fois sacré et mystérieux.

D'autres auteurs ont affirmé que le château du Roi pêcheur est assimilable au temple de Salomon et le Graal au calice utilisé pendant le culte juif. Toute la scène de l'apparition du Graal symboliserait ainsi la conversion du peuple juif. Les chercheurs qui ont émis cette théorie étaient si convaincus par sa véracité qu'ils ont supposé que Chrétien de Troyes était peut-être lui-même un juif converti au christianisme.

LE GRAAL RITUEL

Au-delà de son interprétation chrétienne traditionnelle, certains chercheurs ont associé la procession du Graal aux cultes à mystères (cultes impliquant un rite secret, une initiation) très présents dans le monde antique. En effet, le Graal est intimement lié à la symbolique du sang et est connu pour avoir des valeurs régénératrices. Or le sang de plusieurs divinités païennes, comme le dieu égyptien Osiris ou l'amant d'Aphrodite Adonis dans la mythologie gréco-romaine, était réputé avoir les mêmes vertus.

D'après le linguiste américain William Nitze (1876-1957), le cortège du Graal ne va pas sans rappeler le culte de Déméter (déesse grecque de l'agriculture et épouse de Zeus) à Éleusis, un culte agraire visant à assurer le renouvellement du cycle saisonnier. Ainsi, le Roi pêcheur, faible et infirme, personnifierait la force déclinante de la nature à l'approche de l'hiver, tandis que le jeune Perceval incarnerait le renouveau du printemps. Le père du Roi pêcheur, immobilisé dans son lit, serait pour sa part lié au dieu de la Vie. En effet, son image ne manque pas de faire penser à celles d'Osiris, Adonis ou Dionysos, souvent représentés étendus sur une bière. Dès lors, le Graal symboliserait la boîte sacrée que l'on portait lors du rituel dédié à Déméter. Cette association avec un culte agraire justifierait sa propension à dispenser de la nourriture.

Au début du XXe siècle, la médiéviste Jessie Weston (1850-1928) affirme pour sa part que le cortège du Graal est lié au culte de la mort et de la résurrection d'Adonis. Selon elle, il existe une similitude entre le Roi pêcheur – blessé à la hanche – et le jeune amant d'Aphrodite, mortellement blessé à la cuisse (voire aux parties viriles) par un sanglier. Outre ce point commun, il n'existe aucun lien avéré entre les deux personnages. Jessie Weston a cependant vu dans le Roi pêcheur une résurgence de cette allégorie du renou veau. Ainsi, tels les croyants qui assistaient aux Adonies (les fêtes en l'honneur d'Adonis), les fidèles de la cour du Roi pêcheur assisteraient à la procession du Graal afin d'obtenir la fertilité. Pour l'élu, la compréhension de ce rituel serait un moyen d'accéder aux secrets de la régénération et de la spiritualité. En effet, dès lors que Perceval se montre enfin digne du Graal, le Roi pêcheur guérit (ou meurt en laissant sa place à un héritier, selon les versions) et ses terres désolées retrouvent la vie. Par extension, la lance qui saigne symboliserait le sexe masculin et le Graal la matrice féminine, organes essentiels au renouvellement de la vie.

Même si les théories de Nitze et Weston ont rencontré un accueil assez mitigé au sein du monde universitaire, leurs travaux ont ouvert la voie à de nombreux autres chercheurs qui ont à leur tour associé le Graal à divers cultes à mystères.

LE GRAAL CELTIQUE

Pour certains spécialistes de la littérature médiévale, la figure du Graal trouve son origine dans les mythes celtiques traditionnels. Pour le comte Hersart de la Villemarqué (1815-1895), philologue français ayant travaillé sur la culture bretonne, le Graal ne va pas sans rappeler le chaudron de Bran le Béni présent dans le *Mabinogi de Branwen*, récit gallois médiéval formalisé au XIe siècle. En effet, les deux objets ont la faculté de guérir les blessures. Le chaudron de Bran a également la capacité de faire revivre les morts ; cependant, les ressuscités ne sont plus capables de parler, afin qu'ils gardent le secret sur ce qui les a ramenés à la vie. D'après l'historien et philologue Ernest Renan (1823-1892), ce silence est comparable à celui de Perceval lorsqu'il assiste pour la première fois au cortège du Graal. Ainsi, la réticence du jeune Gallois à prendre la parole serait assimilable aux secrets propres à l'initiation druidique.

Le Graal est-il pour autant la représentation d'une survivance du folklore celtique ? Pour le folkloriste écossais John Francis Campbell (1821-1885), ce symbolisme va en réalité encore plus loin : il affirme en effet que de nombreux éléments dans la quête du Graal sont des thèmes récurrents dans le folklore celtique. Selon lui, les armes étincelantes et les coupes sacrées qui guérissent sont des éléments qui ressurgissent régulièrement dans les contes gaéliques, tel le *Mabinogi de Branwen*. La présence du roi Arthur dans certains de ces récits (dans le *Mabinogi de Branwen*, mais aussi dans *Y Gododdin*, généralement attribué au barde du VIe siècle Aneurin) est également un élément qui tend à rapprocher l'œuvre de Chrétien de Troyes de celle des poètes gaéliques.

Pour autant, plusieurs spécialistes soutiennent que cette supposée origine celtique n'est pas incompatible avec les théories des origines catholiques et rituelles du mythe du Graal. Chrétien de Troyes aurait ainsi laissé sciemment un flou autour de son œuvre afin que ses lecteurs comprennent par eux-mêmes le sens de la procession du Graal.

LE SANGREAL

La théorie du sangreal est porteuse d'une symbolique politique extrêmement forte. En effet, si l'on se fie à l'essai de Baigent, Leigh et Lincoln, les Mérovingiens auraient pu se prévaloir (s'ils avaient eu conscience de leur ascendance supposée) d'une légitimité incontestable qui aurait renforcé leur autorité. De fait, leur propre sang – celui du Christ – véhiculait une image de pureté et de divinité qui suffisait à justifier leur position de monarques. Ils n'étaient pas les détenteurs du Graal ; ils étaient le Graal.

Outre ce caractère politique, la théorie du sangreal a également une grande valeur anticléricale en ce qu'elle met fin à 2 000 ans de prêche sur la prétendue divinité du Christ. Ayant engendré des enfants, Jésus perd en effet de sa pureté pour redevenir un être humain comme les autres. En remettant ainsi en cause la légitimité du Fils de Dieu, cette hypothèse suffit à ébranler les fondements de l'Église. L'aspect contestataire de cette théorie est d'autant plus fort qu'elle permet à de nombreuses personnes dites « conspirationnistes », adeptes des théories du complot, de se regrouper autour d'une même idée qui veut que nous soyons manipulés depuis toujours par les institutions religieuses.

LE « VRAI » GRAAL

Au cours des siècles, de nombreux « vrais » Graal sont apparus aux quatre coins du monde chrétien. Aujourd'hui, on compte en Europe plus de 200 reliques présentées comme le Saint Graal authentique. Cependant, certaines disposent d'une notoriété plus affirmée. C'est notamment le cas du Santo Caliz de Valence, du Calice de Doña Urraca exposé au musée de la Collégiale de San Isidoro de León, ou encore du Sacro Catino de Gênes. Certaines de ces reliques sont des coupes, d'autres des calices ou des plats. Toutefois, tous ont en commun d'être des objets matériels et palpables.

Le Santo Caliz de Valence.

Or, pour de nombreux érudits, le « vrai » Graal n'est pas une relique, mais bel et bien l'un des plus beaux symboles de la culture médiévale occidentale. Placé au cœur de l'un des premiers romans chevaleresques de l'histoire, le Graal est l'épicentre de l'un des plus grands récits initiatiques jamais conté, celui de Perceval et des chevaliers de la Table ronde.

Tel le Graal de Chrétien de Troyes, le Graal authentique serait donc celui qui pousse ceux qui le cherchent à se dépasser et à trouver des réponses au sens de leur existence.

L'ÉNIGME DU GRAAL AUJOURD'HUI

DE LA NATURE DU GRAAL

Aujourd'hui, près de huit siècles après sa première mention dans les écrits de Chrétien de Troyes, le Graal demeure un mystère plein et entier qui suscite l'intérêt de plusieurs millions de personnes.

Pour un grand nombre de scientifiques, le Graal n'est qu'un objet littéraire qui n'a vraisemblablement jamais existé (en tout cas pas sous la forme qu'on lui prête habituellement). En effet, si tant est que Jésus ait réellement vécu, il semble peu probable que la coupe dans laquelle il a bu lors de la Cène ait survécu à deux millénaires d'histoire. Par ailleurs, dans notre monde qui tend de plus en plus à se rationaliser, les vertus magiques, voire divines, du Graal apparaissent comme de simples motifs de fiction.

Cependant, de nombreux individus – dont des scientifiques reconnus, tels Margarita Torres (professeure d'histoire médiévale à l'université de León) et José Miguel Ortega del Rio (historien de l'art à la Fundación Siglo para el Turismo y las Artes de Castilla y León) – sont toujours en quête du Graal authentique. Plusieurs lieux de culte prétendent être en possession de cet objet sacré et, parfois, un nouveau Graal apparaît, suscitant de nouveaux débats autour de ce mystère. Parmi les derniers à avoir attiré sur eux l'attention de tous les passionnés de la question figure le Calice de Doña Urraca.

Une autre énigme perdure : que représente le Graal d'origine, celui de Chrétien de Troyes ? S'agit-il du Saint Calice, comme l'a supposé Robert de Boron ? Outre sa symbolique, de nombreux linguistes sont encore en désaccord quant à l'étymologie du mot « graal ». S'agit-il bien d'un plat ?

Ainsi, la seule certitude au sujet du Graal, c'est que son mystère n'a pas fini de faire réfléchir les passionnés.

LA LANCE QUI SAIGNE

Aujourd'hui encore, il est difficile d'aborder le mythe du Saint Graal sans parler d'une autre relique d'importance présente dans toutes les versions du récit : la lance qui saigne. Quelle est la symbolique de cette arme ? À l'instar du Graal, la lance décrite dans les vers de Chrétien de Troyes est sujette à de nombreux questionnements. En effet, si la version de Robert de Boron a fait de cette lance celle de Longin, le centurion romain aveugle qui perça le flanc du Christ, on ignore toujours si l'auteur du *Conte du Graal* avait la même vision de cet objet.

Tout comme le Graal, la lance est perçue comme une relique dotée de facultés merveilleuses. Cependant, de nombreux spécialistes s'interrogent quant à son origine symbolique. Pour certains, elle représenterait la lance utilisée dans le rituel byzantin pour découper le pain béni avant de le mettre dans un calice pour l'arroser de vin, témoignant ainsi de la volonté de Chrétien de Troyes d'offrir à son récit un aspect à la fois sacré et exotique. Pour d'autres, cette lance ne serait pas celle qui perça le flanc de Jésus, mais celle (fictive) qui blessa le Roi pêcheur ; elle aurait ainsi une vocation mémorielle, visant à rappeler à tous l'infirmité de leur souverain et à pousser Perceval à poser sa première question.

Quels que soient le sens et la nature de cette arme, tous les auteurs qui se sont penchés sur l'énigme du Graal ont noté son importance dans les différentes versions de l'histoire. Bien qu'elle ait suscité moins d'intérêt que le Graal, sa symbolique est tout aussi insaisissable et plusieurs lieux de culte ont affirmé posséder la Sainte Lance authentique. Cependant, à l'instar du Graal, aucune ne s'est vu reconnaître ce titre par les autorités catholiques. Nimbée de mystères, la Sainte Lance a toutefois été utilisée à de nombreuses reprises au cours du XXe siècle par le cinéma, la littérature, ou encore la musique, attestant de l'intérêt qu'elle continue de provoquer.

LA SAINTE LANCE

Si l'on reconnaît depuis toujours beaucoup d'attributs inhabituels à la Sainte Lance (elle brille pour signaler son authenticité, elle guérit les malades, elle apporte la victoire dans les batailles), aucun texte avant celui de Robert de Boron ne mentionne le fait qu'elle saigne. Ce simple fait tend à prouver que Chrétien de Troyes n'identifiait pas lui-même l'objet de son récit à la Sainte Lance.

UNE QUÊTE SANS FIN

Bien qu'il paraisse aujourd'hui impossible de répondre à toutes les questions qui gravitent autour du Graal, la quête de cette relique sacrée semble avoir un bel avenir devant elle. Outre les interrogations qu'il continue de provoquer chez les scientifiques, le Graal est devenu au cours du XXe siècle un véritable réservoir narratif destiné à inspirer encore de nombreux artistes. Certaines réinterprétations contempo-raines du mythe du Graal font désormais partie de ce que l'on appelle communément la « pop culture » (c'est-à-dire la culture populaire, appréciée par le plus grand nombre) et sont d'ores et déjà considérées comme des classiques.

Le cinéma est sans doute le média qui a véhiculé l'image la plus populaire du Graal, au travers de films comme *Monty Python : Sacré Graal* (Terry Jones et Terry Gilliam, 1975), *Excalibur* (John Boorman, 1981) *ou Indiana Jones et la Dernière Croisade* (Steven Spielberg, 1989). La télévision a également puisé dans le mythe du Graal pour produire des histoires dont la popularité ne cesse de croître, telle la cinquième saison de la série *Once Upon a Time* (ABC Studios, 2015-2016) ou encore *Kaamelott* (Alexandre Astier, 2006).

De nombreux auteurs se sont inspirés de la quête du Graal pour écrire des œuvres aussi éclectiques que *L'Enchanteur* (René Barjavel, 1984), *Da Vinci Code* et *L'Empire du Graal* (Éric Giacometti et Jacques Ravenne, 2016). Le Graal et les récits des chevaliers de la Table ronde sont également des sujets récurrents pour la littérature jeunesse, pour la *fantasy* (genre littéraire qui présente au moins un élément surnaturel, mêlant mythologie et magie) et même pour la science-fiction, ces genres connaissant un véritable renouveau depuis plusieurs années.

Le Graal est aussi un thème très présent dans la musique. Nous pouvons notamment citer l'opéra *Parsifal* (Richard Wagner, 1882) ou le groupe de métal américain Holy Grail. Pourtant, l'un des éléments qui tendent à démontrer le bel avenir qui semble se profiler pour le Graal, c'est son intégration dans un média en plein essor : le jeu vidéo. En effet, les mythes arthuriens sont un thème très récurrent dans le domaine vidéoludique. Par ailleurs, le principe même du héros en quête d'un objet d'importance est au centre d'un très grand nombre de jeux, attestant de l'influence qu'a eu le récit de Chrétien de Troyes sur la façon dont nous concevons aujourd'hui une histoire.

EN BREF

- Les récits arthuriens existaient bien avant la première mention du « Graal ».

- Le Graal en tant qu'objet mystérieux est mentionné pour la première fois dans *Le Conte du Graal ou le Roman de Perceval*, roman chevaleresque écrit par Chrétien de Troyes dans les années 1180. Situé au cœur de la quête de Perceval, le Graal est un récipient dont la véritable nature nous échappe, tout autant qu'elle échappe au héros du récit. Chrétien meurt avant d'achever son œuvre, si bien que l'on ne sait pas ce que signifiait vraiment le Graal pour lui, ni quelle fin il envisageait pour son épopée.

- Le roman de Chrétien de Troyes a connu un tel succès que de nombreux auteurs ont pris la plume pour écrire la fin de l'histoire : Robert de Boron, Wolfram von Eschenbach, Thomas Malory, et bien d'autres. Tous ont offert une vision différente et unique de la quête du Graal. Cependant, c'est Robert de Boron qui, le premier, a associé le Graal de Chrétien de Troyes au Saint Calice de Jésus Christ.

- La figure du Graal a souvent été récupérée à des fins politiques et religieuses. Ainsi, il a probablement servi d'outil idéologique afin de légitimer le règne des Plantagenêt, la troisième croisade et le massacre des cathares.

- La théorie du sangreal, parue en 1982 dans *L'Énigme sacrée*, veut que le Graal ne soit pas le récipient ayant contenu le sang du Christ, mais Marie Madeleine elle-même : enceinte de Jésus lors de la Crucifixion, elle aurait conservé le sang du Christ en son sein en portant son enfant et en permettant à sa lignée de survivre.

Leurs descendants seraient devenus les Mérovingiens et auraient survécu jusqu'à aujourd'hui, protégés par une société secrète nommée le Prieuré de Sion.

- Le Graal cristallise de nombreuses représentations. Toutefois, on ne sait pas si son origine est chrétienne, rituelle, celtique, ou un mélange de tout cela. Dans tous les cas, le Graal est un symbole de vie.

- Il existe plusieurs « vrais » Graal exposés dans des musées et des lieux de culte. Cependant, beaucoup s'accordent pour dire que le seul « vrai » Graal est avant tout un objet littéraire personnifiant le dépassement de soi et l'initiation à la spiritualité.

- Toujours au cœur de nombreuses œuvres cinématographiques, littéraires, musicales et vidéoludiques, l'énigme du Graal a encore un bel avenir devant elle.

POUR ALLER PLUS LOIN

SOURCES BIBLIOGRAPHIQUES

- BAUDRY (Robert), *Graal et littératures d'aujourd'hui*, Rennes, Terre de Brume Éditions, coll. « Essais », 1998, 409 p.
- « Byzantin (rite) », in *Universalis.fr*, consulté le 20 avril 2017. http://www.universalis.fr/encyclopedie/rite-byzantin/
- FRAPPIER (Jean), *Chrétien de Troyes et le mythe du Graal – Étude sur* Perceval ou Le Conte du Graal, Paris, Société d'Édition d'Enseignement Supérieur, 1972, 272 p.
- LOZACHMEUR (Jean-Claude), *L'énigme du Graal – Aux origines de la légende de Perceval*, Mens Sana, 2011, 299 p.

SOURCES COMPLÉMENTAIRES

- DUMÉZIL (Bruno), dir., « Arthur (roi) », in *Les barbares*, Paris, PUF, 2016, p. 252-254.

FILMS ET DOCUMENTAIRES

- *En quête du Graal*, documentaire réalisé par Paul Williams. Première diffusion en août 2016 sur France 5.
- *Excalibur*, film réalisé par John Boorman, avec Nigel Terry, Helen Mirren et Nicol Williamson, coproduction anglo-américaine, 1981.
- *Le Saint Graal (toute l'histoire)*, documentaire produit et diffusé par *National Geographic*.

LITTÉRATURE

- BORON (Robert de), *Le Roman de l'estoire dou Graal*, Paris, Honoré Champion, 1999, 152 p. [Réédition contemporaine du roman de Robert de Boron, écrit durant les années 1190]
- MALORY (Thomas), *Le Roman du roi Arthur et de ses chevaliers de la Table ronde*, tome 1 et 2, Nantes, l'Atalante, 1994 [Réédition moderne des livres de Thomas Malory, écrits au XVe siècle].
- TROYES (Chrétien de), *Le Conte du Graal ou le Roman de Perceval*, Paris, Le livre de poche, coll. « Lettres gothiques », 2007, 642 p. [Réédition contemporaine du roman de Chrétien de Troyes, écrit durant les années 1180]

MONUMENTS

- La cathédrale de Valence (Espagne), où est exposé le Santo Caliz, l'un des plus célèbres « vrais » Graal. Il s'agit d'une coupe en agate verte (pierre fine caractérisée par des dépôts successifs de couleurs et de tons différents) soi-disant datée du Ier siècle (et progressivement agrémentée d'ornements structuraux au fil des siècles).
- Le musée de la Collégiale de San Isidoro de León (Espagne), où est exposé le Calice de Doña Urraca. De récentes recherches soutiennent que ce calice a été conservé pendant des siècles dans le Saint Sépulcre de Jérusalem, avant d'être dérobé par les musulmans en 1009, puis offert au roi Ferdinand Ier de León par une délégation arabe en 1055. Un ancien texte égyptien

mentionnerait ce calice selon les termes suivants : « La coupe que les chrétiens appellent la coupe du messie ».

- L'abbaye de Glastonbury, dans le Somerset (Angleterre). Cette abbaye est célèbre depuis le Moyen Âge pour être associée à la mythique Avalon, lieu de sépulture du roi Arthur. Par ailleurs, le tout premier lieu de culte de Glastonbury aurait été bâti par Joseph d'Arimathie, qui aurait amené le Saint Graal depuis la Judée.

- La forêt de Brocéliande, en Ille-et-Vilaine (Bretagne). Cette forêt est un véritable lieu de pèlerinage pour les amateurs des récits arthuriens. De nombreux lieux consacrés à ces légendes sont ouverts au public, tels l'église du Graal dans le village de Tréhorenteuc et le Centre de l'imaginaire arthurien. De nombreuses randonnées en plein cœur des bois permettent également de visiter des lieux comme la fontaine de Jouvence et le tombeau de Merlin.

ICONOGRAPHIE

- Les chevaliers de la Table ronde assistant à l'apparition du Saint Graal, XVe siècle. La photo reproduite est réputée libre de droits.
- Copie du tableau de Léonard de Vinci, *La Cène*, vers 1700. La photo reproduite est réputée libre de droits.
- Le Santo Caliz de Valence. La photo reproduite est réputée libre de droits.

www.50minutes.fr

Éditeur responsable : Lemaitre Publishing
Avenue de la Couronne 382 | BE-1050 Bruxelles
info@lemaitre-editions.com

ISBN ebook : 978-2-8062-9713-6
ISBN papier : 978-2-8062-9714-3
Dépôt légal : D/2017/12603/252
Photo de couverture : © Les chevaliers de la Table ronde assistant à l'apparition du Saint Graal, XVe siècle. La photo reproduite est réputée libre de droits.

Conception numérique : Primento,
le partenaire numérique des éditeurs.